AF438259

LA
SAINTE UNION

DE LA FRANCE

Par Mme Vve E. PICHERET

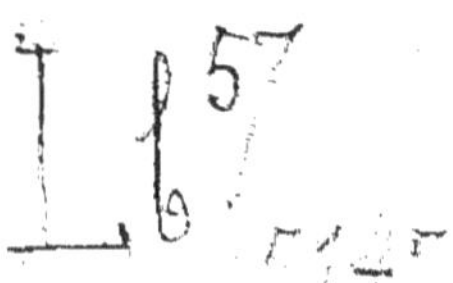

REPUBLIQUE FRANÇAISE

12 Avril 1879.

LA SAINTE UNION

EN FRANCE

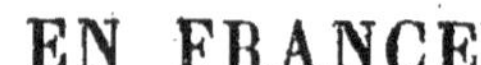

La France est véritablement unie ; elle veut vivre librement dans la pureté des sentiments les plus nobles.

Dieu, son protecteur, veillera à tout ce qu'elle aura besoin. En lui est sa foi, son espérance! Elle trouvera la sainte justice par le travail, qui est une grande vertu pour tous.

« Ah! tous les crimes de la terre ne sont point d'aujourd'hui, et de tous les vices le mensonge en est le chef! »

Il est temps que la France opprimée par les plus grands chagrins porte désormais le plus beau diadème!

peu lui importe toutes les gloires, toutes les sciences et la beauté des hommes de tout l'Univers, s'ils n'ont la vertu de l'Esprit de vérité.

Oui, toutes les expériences les plus vieilles doivent avant tout suivre la Sagesse, la Prudence et la plus grande Justice dans leurs maximes.

La France a été accablée de périls et de privations, mais elle a été protégée par la Providence! Et, par dessus toutes entraves, elle est sortie triomphante et pure des mains de ces hommes qui voulaient la rendre esclave.

La France a le cœur sensible pour tous ceux qui souffrent ; elle est vaillante, prudente, sage, économe ; elle a un génie de supériorité par une volonté divine qui fait sa force ! Elle sait conduire tous ses enfants avec sagesse, car elle connaît leurs défauts; elle ne craint pas, à l'avenir, la révolte de ceux qui auraient honte de lui être soumis.

Leur orgueil voudrait la terrasser, malgré son privilége, de leur Mère-Patrie !

Et, pour cela même, livrerait encore Notre-Seigneur Jésus-Christ, qui, lui-même, nous a donné les enseignements du respect de la mère et de l'épouse ; ceux qui cherchent à l'imiter sont les véritables sages, non ceux qui cachent leurs vices dans la religion pour tromper les hommes, et ils méprisent les Commandements de Dieu !

L'homme vertueux fait preuve de courage, de patience, de prudence envers son épouse et ses enfants; sa nature étant plus robuste, plus énergique, il veille aux besoins de sa famille, il est digne d'en être le chef.

La noble France avait besoin de recourir au foyer du Saint-Esprit ; ses ennemis l'avaient réduite à de grandes inquiétudes. Ils voulaient, comme la mauvaise mère au Jugement de Salomon, réclamer des droits illégitimes ; il était temps que la Sagesse vînt à son aide afin de délivrer ses enfants.

Il y a des hommes dignes et sages capables de représenter et de soutenir la France dans la Justice, car l'amour du bien de la Patrie et la pensée de Dieu les soutient dans leur courage, dans leur dévouement.

« La France a besoin que ses enfants grandissent dans la Vérité pour la splendeur si noble qu'elle mérite! »

Dieu seul est pour tout protéger lorsque nous voulons obéir; il nous dicte la route du bien par la voix de notre cœur, bon et parfait quand nous voulons.

Le mensonge jette des feux étincelants, seul diadème pour tromper l'innocent; il se glisse partout, prend toutes les formes, les nuances les plus variées ; il se met dans la couronne des rois, même en bracelets pour faire signer et rompre tout engagement sacré.

Horreur donc! Oh! que de haines il doit vous inspirer! Il me semble le voir partout qui se métamorphose dans vos maisons.

Oh! Français, écrasez le mensonge, inspirez le respect que l'on doit au Génie de la France, notre Mère-Patrie, qui ne veut que la simple couronne de marguerite et de bleuet (1), symbole de vérité, de pureté et d'énergie.

Ces simples fleurs des champs sont les plus chastes. Dieu les fait naître pour nous annoncer le printemps qui encourage les malades et donne des forces à l'enfance.

———

Ayons tous la force du bien; cherchons un cœur noble plutôt que la fortune; une âme élevée plutôt qu'un joli visage qui est sujet à se faner. Mais une belle âme ne peut changer ; ses sentiments brillent comme le soleil et les étoiles au ciel. — Ah! que de charmes et qu'il est heureux d'habiter avec une telle compagnie! Tout est toujours beau, toujours nouveau, toujours gai.

C'est un feu divin, de sagesse; c'est un laurier toujours vert malgré les intempéries.

Les volontés de Dieu méritent notre soumission, soit

(1) Et le laurier, l'honneur.

que nous en comprenions ou que nous n'en comprenions
pas les raisons.

Y a-t-il une protection plus sûre que celle de la Providence ?...

Oh ! la noble France écoutera toujours cette voix.
Salut, noble Patrie ! à tous présent et à venir ; le passé
n'appartient à personne qu'à Dieu qui le jugera selon sa
juste volonté.

Il faut donc le remercier de ses leçons, qui secouent
toute langueur et toute indifférence.

« Il faut s'unir tous d'un même Esprit, le plus pur,
le plus fidèle. La Vérité, c'est la lumière qui brille ; les
ténèbres sont le Mensonge, qui ne peuvent rivaliser le
jour.

» Hélas ! aux cris d'alarmes de la France trahie, massacrée, la sainte République a prié en silence, implorant
Dieu de tout son cœur, de toute son âme de la protéger.

L'Union de la France civilisée l'a soutenue, c'est l'âme
de la Patrie ; l'on peut chanter en chœur celle qui ne
meurt pas. »

Peuples Français, coopérez tous à cette Sainte Union,
qui est pour chacun la Justice la plus respectueuse.

La France restera au milieu de ses ennemis sans les
craindre ; elle saura les terrasser par la sage Vérité. Ils
porteront le masque de Caïn à leur front !

Que nos mœurs soient en accord avec la pensée de notre Mère-Patrie.

Que chacun, par la Raison la plus digne, la plus sincère, donne son avis.

Oh ! n'ayons jamais, entre frères, aucune espèce de jalousie, point de contradiction pour blesser la pensée du bien et de la vertu ; tous ces hommes qui écrivent des dérisions ne sont point encore arrivés à la hauteur du bon esprit de la France.

Ils ont besoin de prendre une plume dorée pour écrire un riche et honorable discours, pour donner de bons conseils à leurs frères. Ils sont comme des hiboux qui crient dans la nuit; ils appellent par leurs rugissements les bêtes féroces, ils ne peuvent avoir une voix si noble comme l'homme qui, par sa parole, se fait admirer.

En montrant un si mauvais esprit, il est impossible qu'ils soient patriotes : ce sont des traîtres ! Ils sont comme des loups affamés.

———

Français, braves ouvriers tous laborieux, votre Mère-Patrie aime ses enfants, les derniers comme les premiers, ainsi que les cadets ; au moins si vous travaillez, il est juste que vos enfants soient habillés et chaussés chaudement ou légèrement, selon la saison, et que vous ayez un honnête souper. Oui, c'est votre industrie qui aide la Patrie !

———

Que votre conduite soit digne d'être respectée. Toutes joies, toutes distractions honnêtes sont permises.

« L'Honneur surpasse toutes sciences, toutes richesses ; instruisons-nous dans la vraie Lumière, nous ne pourrons jamais tromper ni être trompés. »

Liberté, Egalité, Fraternité par la Sainte Union qui fera là force et la vertu de la France, notre Mère, notre noble Patrie !

Marchons tous avec l'esprit des âmes justes et privilégiées, qu'une noble justice nous conduise.

Laissons ceux qui aiment le trouble et la discorde ; participons aux joies d'une vertueuse mère ; que le dévouement se communique à tous ; que l'ignorance se dissipe ! C'est la source du mal dont il n'y a pas de remède, ou une éducation mauvaise, qui vient d'une science malsaine, qui sème le désordre dans la Société.

La France sait punir les traîtres ; il n'y a point de pardon, de faiblesse ; c'est la mère la plus énergique qui ne tolère point le vice ; elle a l'espérance de prospérer dans le bien ; l'esprit de pureté adoucira et ennoblira toutes les actions ; beaucoup de personnes qui ne paraissent avoir de grands mérites sont souvent plus dignes et plus élevés dans leur simple état, que tant d'autres par leur grande fortune.

Prenons sur la terre une place qui ne soit point un sujet de regret ; loin de nous être à charge un jour, qu'elle nous soit toujours une douce possession; ne nous décourageons jamais, nous ne trouverions plus la force de faire le bien.

Ah! soyons maître absolu de vivre dans de nobles sentiments; rendons heureux ceux avec qui nous devons vivre; ne les contraignons jamais par notre mauvaise humeur comme de capricieux enfants. C'est alors que tous se réjouiront par un seul et même dévouement.

N'est-il pas un Français qui, loin de sa Patrie, de sa Famille, n'ait versé des larmes sur la terre étrangère, n'ait souhaité de rencontrer un ami, une main patriote. Vous ne voudriez point mourir sous un autre ciel que celui qui vous a vu naître, car la noble France, vous l'aimez tous...

Oh! vous, jeunes Français, enfants de la Sainte Union, vous qui avez les mains pures, puisqu'elles n'ont point trempé dans la coupe d'aucune trahison, c'est par vous que votre Mère-Patrie sera protégée; profitez des leçons que la France vous offre; puissiez-vous toujours défendre son honneur, le vôtre, qui est le bien le plus précieux.

Ne vous laissez point flatter par des hommes indignes. Ces hommes ont toujours trompé la bonne foi de la jeunesse et de l'ignorance.

Les jeunes générations qui ont le meilleur cœur se

perdent par de mauvaises paroles : c'est la rose qui s'effeuille, il ne reste que les épines (1).

Riches, qui jouissez de la fortune, qui ne trouvez jamais assez de fêtes, habituez-vous à visiter la ville, les maisons d'honorables gens qui, avec leur gain, n'ont pas assez pour vivre un peu heureux ; ils cherchent à cacher leurs tourments.

Votre luxe, vos maisons si splendides où la gelée des hivers si rigoureux ne pénètre pas ; établissez des magasins pour venir en aide à cette classe laborieuse, celle qui paraît la plus riche. C'est alors les paroles de Jésus-Christ : Aidez-vous les uns les autres ! (2)

Que ce soit des présents ! Vous donneriez à tous des numéros gagnants et, sans honte, ils seraient contents ; vous maintiendriez le respect dans toutes les Sociétés.

Nous ne pouvons être tous riches, mais, du moins, que le riche élargisse son cœur et délie les cordons de sa bourse.

L'aumône se fait à des gens sans amour-propre, et l'on ne s'occupe pas des pères de famille manquant d'ouvrage, des veuves et des orphelins qui jadis avaient un rang parmi les bourgeois, vendant, gageant leurs meubles qu'ils ont eu beaucoup de peine à gagner.

(1) Les enfants ne savent que ce qu'on leur enseigne.
(2) Nous craignons tous la douleur.

Ils auraient honte d'être à la charité publique, comme
le riche aurait honte, dans un théâtre, aux dernières
places.

Celui qui n'a pas une bonne poire pour sa soif est à
plaindre.

Dieu nous a donné l'intelligence ; pourquoi ne nous
corrigeons-nous pas de nos défauts? Nous voudrions être
aveugles sur notre propre compte, notre conscience ne
nous trompe pas ; celui qui fait le mal peut-il être en
paix ! Que les pères et mères veillent à la politesse de
leurs enfants ; qu'ils leur enseignent la justice dans les
plus petites choses, c'est là d'où dépend le bien d'une
nouvelle génération.

Les instituteurs donnent bien les meilleurs principes
aux enfants ; mais, en général, ils n'ont pas assez de
temps pour entretenir une morale si longue. Pourquoi,
par semaine, n'y aurait-il pas, un jour, un discours (1)
à la portée de leur âge dans toutes les classes? Il me
semble que ce serait d'une grande obligation, quelques-
uns ont de très-bons parents et d'autres de très-mauvais.

Les brebis malades donnent la maladie aux autres; un
enfant qui reçoit de bons conseils de son père, de sa
mère, malgré que sa nature soit turbulente, se sou-
viendra toujours des bons principes de ses parents; il

(1) Sermon.

faut lui apprendre le respect qu'il doit avoir envers ses supérieurs et ses semblables.

Ecoutons les sages expériences, les conseils du bien, parce que notre Patrie l'exige ; que personne ne lui manque de respect par une mauvaise plaisanterie, ni une mauvaise familiarité ; sa bonté ne pourrait être une faiblesse à supporter nos défauts ; elle serait indigne de nous conduire.

Cher lecteur, je vous fais la morale, ce qui n'est pas nouveau. Ce fut un grand sage qui inventa de faire parler les animaux ; il est à croire qu'il ne pouvait citer les vices des hommes qui accablaient encore la terre à cette époque, sans qu'il eut été opprimé en voulant dire la vérité ; et tous, plutôt d'en prendre profit, comme des enfants, riaient de l'idée de celui-ci (1).

Liberté, Egalité, Fraternité !

Paroles saintes, pensées respectueuses !

Que vos chants d'allégresse soient des paroles de la Sainte Union ;

Que votre cœur ne désire jamais faire le moindre mal, ou alors vous deviendriez esclaves !

(1) La Fontaine.

Salut présent et à venir !

Gloire à Dieu ! qui protégera la France par la Sainte Union !

C'est toute l'Industrie
Qui aide la Patrie.

L'Industrie de la France
A toute la prudence ;
Son calme est énergique.
Il est toujours pacifique.
Dieu seul la soutient
Pour nourrir tous les siens.

Dans l'Industrie, confiance !
Par sa pure éloquence,
Demanda un contrat
Le plus digne de France (M. Thiers),
Celui qui prit sa défense
Dans le plus grand combat.

L'Industrie est enviée,

Elle est bien aimée ;

On obéit à sa voix sans offense.

Oh ! c'est le pur amour de la France.

Sans doute elle charme tous les cœurs,

Elle a toujours sauvé l'honneur.

Mme Vᵉ E. Picheret.

FIN.

(Reproduction interdite.)

14202 — Nantes, Imp. administrative de Paul Plédran, quai Cassard, 5.